Destedt

in alten Ansichten

von
Otto Lüer

Europäische Bibliothek - Zaltbommel/Niederlande MCMLXXXVI

Zum Titelbild:
Der Stich, wahrscheinlich aus dem Jahre 1654 von Merian, zeigt eine Ansicht des Dorfes vom Elm (Osten) her. Die Windmühle (rechts im Bild) wurde um 1920 abgerissen. In den zwanziger und dreißiger Jahren brannte man auf dem Mühlenplatz alljährlich das Osterfeuer ab. Nach dem Zweiten Weltkrieg wurde der Platz eingeebnet und ist zur Zeit Ackerland. Die Flurbezeichnung ist aber nach wie vor 'Mühlenbreite'. Oben rechts auf dem Stich ist das Wappen der Familie von Veltheim abgebildet.

D   ISBN 90 288 3390 0 / CIP

© 1986 Europäische Bibliothek - Zaltbommel/Niederlande

Im Verlag Europäische Bibliothek in Zaltbommel/Niederlande erscheint unter anderem die nachfolgende Reihe:

IN ALTEN ANSICHTEN, eine Buchreihe in der festgehalten wird, wie eine bestimmte Gemeinde zu 'Großvaters Zeiten', das heißt in der Zeit zwischen 1880 und 1930, aussah. In dieser Reihe sind bisher in etwa 650 Einzelbänden Gemeinden und Städte in der Bundesrepublik dargestellt worden. Es ist geplant, diese Reihe fortzusetzen. Unter dem Titel **In oude ansichten** sind bisher etwa 1 500 Bände über Städte und Dörfer in den Niederlanden erschienen. In Belgien ist die Buchreihe mit **In oude prentkaarten** bzw. **En cartes postales anciennes** betitelt und umfaßt 400 Bände. In Österreich und in der Schweiz sind unter dem Titel **In alten Ansichten** bisher 100 bzw. 25 Bände erschienen. Weitere 150 Bände beschreiben Gemeinden und Städte in Frankreich, und zwar in der Buchreihe **En cartes postales anciennes**. In Großbritannien sind bisher 300 Bände unter dem Titel **In old picture postcards** herausgebracht.

KENNT IHR SIE NOCH... eine Buchreihe in der festgelegt wird wie die Leute-von-damals in einer bestimmten Gemeinde oder Stadt zu 'Großvaters Zeiten' lebten, lernten, wohnten, arbeiteten, feierten, Musik machten und so weiter.

Näheres über die erschienenen und geplanten Bände der verschiedenen Buchreihen erhalten Sie bei Ihrem Buchhändler oder direkt beim Verlag.

Dieses Buch wurde gedruckt und gebunden vom Grafisch Bedrijf De Steigerpoort in Zaltbommel/Niederlande.

VORWORT DES DESTEDTER ORTSBÜRGERMEISTERS

Liebe Freunde des alten Destedt,

Mit großer Freude habe ich die Ankündigung unseres neuen Ortsheimatpflegers vernommen, daß er einen Bildband aus den früheren Tagen unseres Ortes erstellen möchte. Nun liegt dieser Band vor uns und zeigt uns, wie unser schönes Dorf vor fünfzig und mehr Jahren ausgesehen hat. Unmißverständlich ist die Absicht des Autors festzustellen, den 'Alten Destedtern' mit den Aufnahmen die Vergangenheit wieder in das Gedächtnis zurückzurufen. Aber auch den Neubürgern unseres Dorfes möchte er etwas von dem anschaulichen, wie die Ortschaft früher aussah, in der sie sich niedergelassen haben. Auch ist festzustellen, daß jedem Interessierten etwas von der Dorfgeschichte vermittelt werden soll.

Ihnen allen, seien Sie nun 'Alteingesessener' oder 'Neubürger', wünsche ich bei der Lektüre und bei der Betrachtung der Fotos viele angenehme Stunden.

Ihr Ortsbürgermeister

Schwalbinsky

Im Auftrag des Ortsrates

ZUM GELEIT

Destedt in alten Ansichten... Wo liegt dieser Ort überhaupt? Ein unbekanntes Dorf? Cremlingen 4? An der B 1? Dieser Bildband hat die Absicht, allen, die diese 'Stätte' kennen und lieben gelernt haben, zu erfreuen. Paul Wagner, um die Jahrhundertwende Lehrer in Destedt, hat unseren Heimatgedanken in folgende Verse gesetzt:

> *Kennst du das Dorf in deutschen Gauen,*
> *Das schönste dort am Fuß des Elms?*
> *Wo Eichen, Buchen, Tannen schauen*
> *Von Berg und Hang herab ins Land.*
>
> *Es ist der Ort, der mich gebar,*
> *Wo meiner Väter Wiege war.*
> *Ich achte dich fort und immer fort*
> *Mein Destedt als den heilg'sten Ort.*

Destedt gehört zu den 'stedt' – Siedlungen, die, wie allgemein angenommen wird, um 700 bis 300 vor Christus entstanden sind.

Ursprung des Ortes wird wohl das Vorhandensein der Quelle, heute noch als Jödebrunnen – Götterbrunnen – bekannt, der wichtigste Punkt für eine Ansiedlung mit gewesen sein. Daß er Jödebrunnen – Götterbrunnen – genannt wurde, läßt darauf schließen, hier haben sich schon Menschen in vorchristlicher, das heißt heidnischer Zeit, zu einem Gemeinwesen zusammengefunden. Wann die ersten Anfänge einmal gewesen sein werden, das wird uns wohl für immer verborgen bleiben. Wenn um das Jahr 1000 nach Christus der Elmwald und der Ort Destedt zum Bistum Halberstadt gehörte, ist damit bewiesen, daß er um diese Zeit schon bestanden hat. Die Benennung der Siedlung, die überliefert ist, war 'dä Stidde', 'Desthede', 'Destede' und später 'Destedt'. 'Dä Stidde' bedeutet wohl die 'Stätte' oder die 'Stelle', wo das Wasser quoll, wo man sich versammelte, wo man sich ansiedelte. Es könnte aber auch ein alter Thingplatz oder eine alte Kultstätte gewesen sein. Nach bisherigen vorläufigen Erkenntnissen wurde Destedt 1301 zum ersten Mal urkundlich erwähnt, als zwei Hufen Acker von der Familie von Wendhausen an die Familie von Veltheim abgegeben wurde. Von dieser Zeit an war die Familie von Veltheim, vorerst als Lehensherren des Bischofs von Halberstadt, hier in Destedt ansässig. Von 1301 bis zu den 'alten Ansichten' aber ist eine lange Zeit verstrichen, die später noch in einer anderen Darstellung genauer untersucht werden soll. Absicht des vorliegenden Bildbandes ist es nicht, eine Ortschronik zu ersetzen sondern es soll gezeigt werden, wie unser Dorf am Ende des 19. Jahrhunderts und in der erste Hälfte des 20. Jahrhunderts aussah.

Als erstes möchte ich nach einer Ortsbeschreibung des Merians von 1654 nun zu einem Spaziergang durch das Destedt der dreißiger Jahre einladen. Entstanden sind diese Aufnahmen, wenn sie keine besondere Jahreszahl tragen, im Jahre 1932, als Pastor Ernst Dosse nach fast 40jähriger Tätigkeit in Destedt (1894-1932) in den Ruhestand versetzt wurde. Er erhielt sie als Abschiedsgeschenk. Der Spaziergang beginnt bei der ehemaligen Försterei auf der Reihe (heute Elmstraße), folgt dann der Destedter Dorfstraße bis zur Kreuzung unterhalb des Dorfes und setzt sich mit den Straßen An der Unterburg, Parkstraße, Am Jödebrunnen und dem Neuen Weg (heute: An der Oberburg) fort. Danach wollen wir den Park und dessen Entstehung betrachten und uns dann weiter der Kirche, der Schule, dem Kindergarten, der Landwirtschaft, den Vereinen usw. zuwenden.

Abschließend möchte ich all denen recht herzlich danken, die mich bei der Arbeit unterstützt haben.

Beschreibung von Merian p. 1654

Destedt.

Das Adeliche Schloß und Hauß Destedt / ist im Fürstenthumb Braunschweig=Wolffenbüttel / ungefehr anderthalb Meile võ der Fürstl. Residentz Wolffenbüttel / gelegen; ist dem Herkommen nach eine sehr alte Wohnung deß Adelichen Geschlechts der von Veltheim. Dann die von Veltheim allbereit diesen Ort Anno 1332. inne gehabt/ zu welcher Zeit Barthel von Veltheim Braunschweigischer Marschalck gewesen / und Heinrich von Veltheim auff Cremling gesessen.

Anno 1430. ist das Hauß Deestedt / so dazumahlen mit einem Graben umbgeben gewesen / von der Stadt Braunschweig/ welcher die von Veltheim einen sonderlichen grossen Affront erwiesen / belagert / und haben die von Veltheim / so darauff gewesen / das Schloß selber angezündet / und durch das Holtz / der Elm genant/ so damals biß an das Hauß hinan gegangen/ sich davon gemachet. Ist also damals Destett gantz abgebrant/ und in Grund ruiniret / auch der darum gewesene Graben zugeschleifft worden / und stehet das alte Gemäuer von solcher Zeit her noch jetzo ungebauet.

Weil hernach unterschiedene von Veltheim zum Hause und Gute gehöret / hat ein jeder einen Ort zu seiner Wohnung herauß genommen/ und solchen bebauet. Das alte Hauß aber hat Joachim von Veltheim/ Fürstl. Braunschweigischer Jägermeister / zusammen an sich bracht / dessen Nachkommen solches annoch possediren. Dieser Joachim von Veltheim hat auch die Kirche / so sonst gar schlecht gewesen / viel und mercklich erweitert / und mit einem neuen hohen Thurn gezieret.

Das grosse Holtz / der Elm genant / ist vor diesem biß an das Hauß hinan gegangen/ welches aber nach gerade zu Acker gemacht worden/ daß nunmehr über zwey Büchsenschuß weit der Elm davon angehet.

1. Merian berichtet 1654 von der Zerstörung des Schlosses.

2. Das ehemalige Försterhaus (erbaut 1780) auf der 'Reihe' (heute Elmstraße 7) wurde jahrzehntelang vom Revierförster Fritz Golze und seiner Familie bewohnt.

3. An der Ecke der Elmstraße und Zum Kleigarten lag früher ein kleiner Teich. Er diente einmal den Wassermassen, die vom Elm heruntergeflossen kamen, als eine Art Auffang- und Klärbecken, andererseits auch der Feuerwehr als Löschwasserreservoir, aber auch den Kindern zum Baden und Spielen. Die Aufnahme stammt aus dem Jahre 1935. Der Teich wurde um 1948 zugeschüttet. Heute sind am gleichen Platz Bänke aufgestellt.

4. Da früher die meisten Einwohner in Destedt von der Landwirtschaft lebten, durfte auch die Dorfschmiede nicht fehlen. Seit Mitte des 19. Jahrhunderts wurde von der Familie Karl Eßmann eine Schmiede betrieben (heute Elmstraße 10). Hier beschlägt Karl Eßmann (3. Generation) ein Ackerpferd. Rechts schaut Karl Eßmann sen. zu, der von 1922 bis 1930 Bürgermeister von Destedt war. Das Bild entstand um 1930. Im Hause der Familie Eßmann befand sich auch das Standesamt, und zwar von der Einrichtung (um 1872) bis zur Gründung der Einheitsgemeinde Cremlingen.

5. Diese Aufnahme zeigt die Nordseite der Reihe. Die Bewohner dieses Grundstücks (heute Elmstraße 1) waren auf dem Rittergut beschäftigt. Im Hintergrund sind das ehemalige Försterhaus und der Elm zu sehen.

6. Dieses ist die Südseite der Reihe mit den Grundstücken des Försters Becker (erbaut 1863) und der Familien von Hermann Lüer (erbaut 1798) und von Emil und Karl Eßmann.

7. Ein Blick von der Reihe auf die Pastorenmauer. Im Hintergrund ist die Spitze des 32 Meter hohen Kirchturms zu sehen, im Vordergrund Otto Lüer (auf dem Berge) mit einem Kuhgespann.

8. An der Ostseite der Abbenröder Straße stehen das Feierabendhaus (im Volksmund auch Armenhaus genannt – erbaut 1701), das Marienstift (der ehemalige Kindergarten – erbaut 1875) und das Pfarrwitwenhaus (erbaut 1557).

9. Die Landschlachterei Eßmann liegt an der Ecke der Elmstraße und der Destedter Hauptstraße. Das Haus wurde 1731 errichtet und der Betrieb (früher Landwirtschaft) wird zur Zeit in der 6. Generation geführt.

10. Die Familie Friedrich Krökel um 1920 vor ihrem Wohnhaus (erbaut 1830) auf der Dorfstraße (heute Destedter Hauptstraße Nr. 52).

11. Das landwirtschaftliche Grundstück der Familie Albert Lüer um 1930 (heute Destedter Hauptstraße Nr. 27). Da auch hier das Land nicht zur Existenz reichte, brachte man in der Erntezeit mehrmals wöchentlich Obst und Gemüse zum Markt nach Braunschweig. Die Familie Lüer siedelte als einziger Hof von Destedt aus. Der Aussiedlungshof liegt an der Elmstraße oberhalb des Dorfes und wird von der 3. Generation bewirtschaftet.

12. An der Westseite der Dorfstraße liegt im Vordergrund die Gärtnerei und Samenhandlung Wesche (erbaut 1863 – vormals Eßmann), die seit der Mitte des 19. Jahrhunderts besteht. Im Hintergrund das landwirtschaftliche Grundstück der Familie Albert Lüer.

13. Ein Blick vom Lindenplatz auf die Ostseite der Dorfstraße. Zu sehen sind die Grundstücke der Familien Willi Wachtmann (erbaut 1826) und Heinrich Fliege.

14. Diese Aufnahme zeigt Tischlermeister Willi Wachtmann mit seiner Frau Anna und seiner Mutter vor dem Grundstück (Rückseite – heute: Destedter Hauptstraße Nr. 46) um 1910.

15. In der Zwischenzeit ist der Erste Weltkrieg ausgebrochen, und wie viele andere auch, ist Willi Wachtmann ebenfalls einberufen worden. Die Aufnahme wurde 1915 in Bitsch (Lothringen) gemacht und zeigt ihn in der 'Ausrückuniform'. Auf der Umseite der Karte teilt er seiner Familie mit, daß der Befehl zum 'Ausrücken' bereits erfolgt sei.

16. Dieses ist wahrscheinlich die letzte Aufnahme von Willi Wachtmann. Das Band im Knopfloch zeigt daß ihm das Eiserne Kreuz 2. Klasse verliehen wurde. Wie noch 32 andere Destedter kehrte auch er nicht wieder in die Heimat zurück. Am 8. August 1918 wurde er als vermißt gemeldet.

17. Dieses Bild zeigt das landwirtschaftliche Grundstück der Familie Wietig vom Lindenplatz aus (heute Lindenplatz Nr. 3). In der Türöffnung steht Hermann Wietig, der von 1933 bis 1938 Bürgermeister von Destedt war, mit seiner Frau Marie und seiner Tochter Herta.

18. Die Gastwirtschaft Krökel (erbaut 1820) um 1910. Seit 1835 besteht der Familienbetrieb. Damals übernahm der Urgroßvater des heutigen Besitzers den 'Gutskrug'.

19. Die Destedter Hauptstraße. Links sind ein Teil der Gastwirtschaft Krökel und die Grundstücke der Familien Laes (Sattlerei – erbaut 1768) und Lüer-Hopert (früher Tischlerei – später Schneiderei – erbaut 1887) zu sehen.

20. Dieses ist die ehemalige Gemeindebäckerei (erbaut 1818 – heute Destedter Hauptstraße 21). In der Türöffnung steht der damalige Bäckermeister Fritz Künne mit seiner Großtochter.

21. Die Rind- und Schweineschlachterei Evers wurde in der zweiten Hälfte des neunzehnten Jahrhunderts gegründet und wird jetzt in der 3. Generation betrieben. Die Aufnahme, die aus dem Jahre 1930 stammt, zeigt die Familie Evers vor ihrer Haustür.

22. In Destedt gab es damals über dreißig landwirtschaftliche Betriebe. Hier sehen wir Otto Becker mit seiner Familie vor seinem Anwesen. Da er nur verhältnismäßig wenig Land besaß, bewirtschaftete er seine Felder mit Kühen und verdiente sich im Sommer ein Zubrot als Maurer und im Winter als Holzfäller im Elm.

23. Dieses Bild zeigt die Familie Curland vor ihrem Wohnhaus (erbaut 1882) in der Kurzen Straße (damals Käse- oder Friedleinstraße genannt) um 1910.

24. Hier sehen wir Schneidermeister Heinrich Lüer mit seiner Frau Marie in der Kurzen Straße vor ihrem Grundstück (erbaut 1883) um 1910. Marie Lüer war von 1885 bis 1919 Hebamme und 'holte' annähernd 1 000 Kinder.

25. Die Nordseite der Dorfstraße mit den landwirtschaftlichen Grundstücken der Familien Schmidt, Meier (erbaut 1862 – damals war in diesem Haus eine Schankwirtschaft) und Minderlein (hier wird eine Stellmacherei betrieben).

26. Das Wohnhaus der Familie Minderlein um 1920. Seit 1820 wird in diesem Grundstück neben der Stellmacherei (jetzt in der 5. Generation) auch eine Landwirtschaft betrieben (heute: Destedter Hauptstraße Nr. 11).

27. Bemerkenswert ist, daß der untere Teil der Dorfstraße bereits damals mit Kopfsteinpflaster (Basalt) versehen war. Links sind die Grundstücke der Familien Kornhard, Runge, Brennecke (erbaut 1888) und Graßhoff und rechts der Familie Bahns zu sehen.

28. Der Bauernhof der Familie Kornhardt (früher: 'unten Weber' – erbaut 1623) wurde bereits vor dem Ersten Weltkrieg aufgegeben und das Land verpachtet. Das Anwesen steht unter Denkmalschutz.

29. Das Wohnhaus der Familie Bahns (erbaut 1846) um 1910. Seit der Erbauung wird in der Familie eine Sattlerei und Polsterei (heute auch Innendekoration und Raumausstattung) in der 5. Generation betrieben. Nebenbei wurde in den früheren Jahren auch mit Wein gehandelt.

30. Die Südseite der Destedter Hauptstraße mit den Häusern der Familien Bergmann (Schankwirtschaft erbaut 1850), Schnellecke (Fuhrbetrieb) und Michaelis (Gemischtwarenhandlung erbaut 1776). Der Hintergrund zeigt den 'Tabakschuppen', die 'Kaserne' (erbaut 1873) ein Wohnhaus für Beschäftigte des Rittergutes (erbaut 1875).

31. Kutscher Fritz Bertram ist auf der Unterburg vor der Inspektorenwohnung mit seinem Landauer vorgefahren und die Ausfahrt des Inspektors Fasel zur Begutachtung der Felder kann beginnen. Die Unterburg wurde um 1811 erbaut. Die Aufnahme entstand um 1910.

32. Der damalige Ortsvorsteher Heinrich Helmsen (1920-1933) mit seiner Frau vor seinem Haus (erbaut 1874). Der Anbau rechts vom Wohnhaus mit den Stallungen zeigt als Beispiel, daß nahezu alle Familien Schweine, Ziegen und Hühner zur Selbstversorgung hielten (heute an der Unterburg 4).

33. Rechts steht Albert Pfitzner mit seiner Frau und seiner Tochter vor seinem Anwesen. Links ist der Giebel des 'Gardinenhauses', einem Wohnhaus für Bedienstete des Rittergutes, zu sehen (erbaut 1887). Der freie Platz diente früher Schaustellern zum Aufbau von Karussells, Luftschaukeln usw.

34. Dicht an der Parkanlage der Unterburg sehen wir den ehemaligen Oberschweizer Wilhelm Diekmann vor seiner Altenteilswohnung, einem Haus für Bedienstete des Rittergutes. Um 1968 wurde das Grundstück abgerissen und an gleicher Stelle ein neues Wohnhaus errichtet, das von der Familie Klaus Meier bewohnt wird.

35. Das letzte Haus vor dem Park (erbaut 1780) war sehr idyllisch gelegen. Im Jahre 1965 wurde es abgerissen, und eine neues Wohnhaus, das von der Familie Wohld bewohnt wird, steht jetzt an dieser Stelle.

36. Im Jahre 1929 erhielt Destedt die erste Wasserleitung, die vom Jödebrunnen gespeist wurde. Die Aufnahme zeigt den Bau des Wasserbeckens. Experten sagten hierzu später, man hätte das Sammelbecken an anderer Stelle errichten sollen, da so der Wasserspiegel auf die Quelle drücken und somit bei steigendem Wasserstand immer weniger Wasser quellen würde.

37. Der Wasserleitungsbau war im Jahre 1929 ein großes Vorhaben, da alle Gräben zur Verlegung der Rohre mit der Hand ausgeschachtet werden mußten. Für die Bevölkerung war es damals eine große Hilfe, denn viele Männer waren arbeitslos und mußten von der kargen Erwerbslosenunterstützung leben. Die Aufnahme zeigt die Kurze Straße im Oktober 1929.

38. Links steht das Wohnhaus der Familie Köhler (erbaut 1877), in der Mitte das landwirtschaftliche Grundstück der Familie Amme (erbaut 1845), rechts begrenzt die Mauer zum Französischen Garten die Straße 'Am Jödebrunnen'. In der Mitte zwischen den Steinen, auf denen die Kinder sitzen, liegt der Ursprung des Dorfes, der Jödebrunnen, der ab 1929 das gesamte Dorf mit Wasser versorgte.

39. Im Jahre 1982 erst erhielt der Ursprung unseres Dorfes, der Jödebrunnen, auf Anregung des derzeitigen Ortsbürgermeisters Gerhard Schwartinsky ein würdiges Aussehen. Die Aufnahme zeigt die Erbauer der neuen Anlage von links nach rechts: Ortsbürgermeister Gerhard Schwartinsky, Karl-Heinz Taake, Ratsherr Walter Lüer und stellvertretender Ortsbürgermeister Walter Poludniok.

40. Die letzten Handgriffe sind noch nicht ausgeführt, aber bald ist die Arbeit vollendet. Nun endlich wird der Jödebrunnen eine würdige Form erhalten.

41. Vom Jödebrunnen aus blicken wir auf die landwirtschaftlichen Grundstücke der Familie Hartmann (erbaut 1788) und Brandt. Da auch bei der Familie Hartmann zu wenig Land vorhanden war, verdiente der damalige Besitzer Richard Hartmann im Winter Geld mit Hausschlachtungen.

42. Am 'Neuen Weg' (heute: 'An der Oberburg') liegt links das landwirtschaftliche Grundstück der Familie Brandt (erbaut 1820) und rechts der Familie Weber ('Oben-Weber' – erbaut 1852). Im Hintergrund ist die Einfahrt zur Oberburg zu sehen.

43. Von 1898 bis 1925 fuhr Fritz Eßmann (Neuer Weg) täglich, auch an Sonn- und Feiertagen, mit dem hier zu sehenden 'Omnibus' (um 1930) nach Braunschweig, nahm Fahrgäste mit, machte Einkäufe und Besorgungen für die Dorfbewohner und transportierte die Post für Destedt, Schulenrode, Cremlingen und Klein Schöppenstedt. Ab 1925 fuhr er wöchentlich nur noch einmal, und um 1933 wurde der 'Omnibusbetrieb' eingestellt.

44. Der Ausspann war im Gasthof Helmstedt in der Schöppenstedter Straße in Braunschweig. Wie auf dem Bild von 1905 zu sehen ist, fuhren auch 'Omnibusse' von anderen Orten zur Herzogsstadt. Der erste Wagen kommt aus Abbenrode (Heinrich Niemann), der zweite aus Erkerode (Haberland) und der dritte aus Destedt (Fritz Eßmann).

45. Früher lebte die Mehrzahl der Dorfbevölkerung von der Landwirtschaft. Demzufolge gab es im Ort auch verhältnismäßig viele Pferde, die von Zeit zu Zeit zur Musterung (für die Versicherung) vorgeführt werden mußten. Die Aufnahme entstand um 1935. Links hinter den Pferden ist das ehemalige 'Hirtenhaus' zu sehen (heute An der Oberburg 1).

46. Zu den alljährlich stattfindenden Sängerfesten wurden im Dorf etwa ein halbes Dutzend Ehrenpforten errichtet, wie hier auf dem Neuen Weg (heute An der Oberburg – die im Hintergrund zu sehen ist) um 1930.

47. Es war früher kein Problem, eine Straße in einen Arbeitsplatz (hier Zimmerplatz) umzuwandeln. Die Aufnahme zeigt den Neuen Weg um 1910.

48. Oben links zeigt diese Postkarte das um 1720 erbaute Renaissance-Schloß um 1920.

49. Oben rechts zeigt diese Postkarte das Schloß von der Parkseite um 1910.

50. Da jedermann ungehindert den Destedter Gutspark betreten kann, wurden sowohl früher als auch heute dort viele Aufnahmen gemacht. Hier sehen wir die Parkseite des Schlosses mit der Terrasse um 1930.

51. Ein beliebtes Fotomotiv war der Parkeingang mit der großen Kastanie, dem Teich und der Brücke im Hintergrund. Die Aufnahme entstand im Jahre 1929.

52. Diese Postkarte zeigt einen Teil des Oberburger Teiches (auch Spülie genannt) und die Brücke um 1910.

53. Nicht weit vom Parkeingang entfernt stand das Borkenhaus. Es wurde um 1950 abgerissen, da der Platz für den Parcours der Reit- und Fahrturniere benötigt wurde. Die Aufnahme zeigt die Destedter Jugend von 1914, kurz vor Ausbruch des Ersten Weltkriegs vor dem Borkenhaus.

54. Auch hier wurde das Borkenhaus zum Hintergrund gewählt. Die Aufnahme zeigt eine Gruppe junger Männer aus Destedt mit der 'Fastnachtskanone' um 1928.

55. Wir sehen hier die männliche Jugend von Destedt im Jahre 1910 im Park.

56. Auch diese Aufnahme zeigt Destedter Jugend von 1914 im Gutspark.

57. Als ein besonderes Kleinod kann man ohne Übertreibung den Destedter Gutspark bezeichnen, der von 1750 bis 1780 angelegt wurde, in dem viele ausländische Bäume stehen und schon zahlreiche Sängerfeste, Reit- und Fahrturniere usw. stattfanden. Die Aufnahme zeigt den Springbrunnen vor dem Palmenhaus und den Gewächshäusern der Gärtnerei um die Jahrhundertwende.

58. Der Gutspark wurde damals von der sich anschließenden Gärtnerei gepflegt. Auf dem Bild ist ein Teil der Gärtnerei und rechts der damalige Obergärtner Karl Kuska, in der Mitte Walli von Trotha, die Nichte des Gutsbesitzers, und links ist der damalige Gärtnerlehrling Erwin Beese zu sehen, der später ebenfalls Obergärtner wurde und heute als ein Experte des Destedter Gutsparks gilt. Die Aufnahme entstand um 1928.

59. Wir sehen hier den Besitzer des Rittergutes Destedt, Freiherr Fritz von Veltheim (geboren am 5. September 1881, gestorben am 17. September 1955) um 1935 in der Gutsgärtnerei. Im Hintergrund steht der achteckige Turm der Destedter Epiphaniaskirche. Fritz von Veltheim war Patron dieser Kirche.

60. Die Destedter Epiphaniaskirche wurde 1840 erbaut. Die Turmkugel hat einen Durchmesser von 52 Zentimetern und ist der trigonometrische Punkt Nr. 8/3730. Links von der Kirche steht eine Siegeslinde von 1870/71. Sie wurde beim Umbau (1963-1967) gefällt. Die Aufnahme entstand um 1925 vom Pastorenhaus aus.

61. Der Innenraum der Destedter Epiphaniaskirche um 1925. In der Zeit von 1963 bis 1967 wurde sie renoviert. Die Kosten betrugen 440 000 DM. Die Wiedereinweihung erfolgte im Gottesdienst am 27. August 1967.

62. Im Kastaniengarten, der ein Teil des Destedter Gutsparkes ist, wurden viele Sommerfeste gefeiert. Die Aufnahme zeigt ein Frauenhilfsfest um 1930.

63. Wir sehen hier die Rückseite des alten Pastorenhauses (erbaut um 1700) und Pastor Ernst Dosse mit seiner Frau und zwei seiner fünf Kinder um 1925. Nach dem Neubau des Pastorenhauses wurde das alte 1957 abgerissen.

64. Die Konfirmanden von 1925 am hinteren Kircheneingang mit Schulleiter Lothar Hinze und Pastor Ernst Dosse, der von 1894 bis 1932 Seelsorger in Destedt war.

65. Die Konfirmanden von 1934 mit den Schulleitern Walter Horney (Abbenrode) und Lothar Hinze (Destedt) und Pfarrer Hans Harborth, der von 1933 bis 1937 Seelsorger in Destedt war, vor dem Hinteren Kircheneingang.

66. Die Konfirmanden von 1940 aus Abbenrode, Destedt und Hemkenrode vor dem Eingang der Schulleiterwohnung mit Schulleiter Lothar Hinze und Pfarrer Horst Sommer, der von 1938 bis 1958 Seelsorger in Destedt war.

67. In den zwanziger und dreißiger Jahren bestand in Destedt ein christlicher Jungmädchenverein, der von Anna von Trotha gegründet und von Anna Hinze und Martha Dosse weitergeführt wurde. Die Aufnahme stammt aus dem Jahre 1932.

68. Diese Aufnahme zeigt die Destedter Schulkinder um 1910 mit Schulleiter Heinrich Fischer (links) und dem Lehrer Otto Müller, bekannt unter dem Beinamen 'Flotten-Otto'.

69. Schulleiter Lothar Hinze (links) und Lehrer Rudolf Wietasch mit den Schülern der Volksschule Destedt um 1930 vor der Siegeslinde von 1871.

70. In Destedt gab es in den zwanziger und dreißiger Jahren drei Klassen. Hier sehen wir Klassenlehrer und Schulleiter Lothar Hinze (rechts) und Lehrer Rudolf Wietasch mit der ersten Klasse (5. bis 8. Schuljahr) der Volksschule Destedt vor der Kirche um 1932.

71. Die zweite Klasse (3. und 4. Schuljahr) der Volksschule Destedt vor der Kirche mit ihrem Klassenlehrer Rudolf Wietasch (links) und dem Schulleiter Lothar Hinze um 1932.

72. Die dritte Klasse (1. und 2. Schuljahr) mit ihrem Klassenlehrer Rudolf Wietasch um 1932 vor der Kirche. Links im Hintergrund ist das Kriegerdenkmal vom Ersten Weltkrieg mit den 33 Namen der Gefallenen und Vermißten zu sehen.

73. Die zweite Klasse (3. und 4. Schuljahr) vor der Schule (erbaut 1859) mit ihrem Klassenlehrer Rudolf Wietasch im Jahre 1938.

74. Schulleiter Lothar Hinze mit den Schülerinnen und Schülern der Volksschule Destedt hinter der Kirche um 1940.

75. Der Destedter Kindergarten wurde im Jahre 1875 von Marie von Veltheim, der 2. Frau des Oberhofjägermeisters von Veltheim für die Kinder der Bediensteten des Rittergutes Destedt eingerichtet. Aber auch der übrigen Bevölkerung von Destedt war es erlaubt, ihre Kinder dort hinzuschicken. Je Vor- oder Nachmittag mußte um 1930 fünf Pfennige entrichtet werden. Auf dem Bild ist Fräulein Bethmann (Tante Marlie) mit ihren Schützlingen zu sehen (um 1931). Helferin war damals Erna Thormeier.

76. Vor dem 'Marienstift' sehen wir Fräulein Ahlbrecht (Tante Grete) und Helferin Grete Göke aus Hemkenrode und die Kindergartenbesucher im Jahre 1933.

77. Diese Aufnahme, ebenfalls aus dem Jahre 1933, zeigt die Kleinen beim Kreisspiel: 'Kleiner Schelm bist du, weißt ja, was ich tu...'

78. Hier sehen wir Grete Ahlbrecht und Grete Göke im Jahre 1934 mit ihren Schützlingen im Sandkasten des Kindergartens. Im Hintergrund ist die alte Pfarrscheune zu erkennen, die um 1982 zu einem Gemeindezentrum ausgebaut wurde.

79. Der Männergesangverein Destedt wurde im Juni 1870 gegründet. Die Aufnahme zeigt die Fahnenweihe im Jahre 1904 im Schloßpark. Die Fahne, die 1983 restauriert wurde und jetzt im Vereinslokal hängt, wurde von Frau von Veltheim gestiftet.

80. Die Destedter Feuerwehr wurde 1873 gegründet. Die Aufnahme zeigt die Wehr an der Ostseite der Gastwirtschaft Krökel im Jahre 1894. An der Handspritze lehnt Heinrich Lüer, der von 1887 bis 1912 Feuerwehrhauptmann in Destedt war.

81. Am 24. Juni 1928 war Amtsfeuerwehrtag in Destedt. Das Bild zeigt den Oberburger Teich und dahinter die Kreismotorspritze vom Park aus. Die Destedter Freiwillige Feuerwehr besaß damals nur eine Handspritze.

82. Die Aufnahme zeigt aktive und passive Mitglieder des im Jahre 1921 gegründeten Turn- und Sportvereins Destedt, der auch damals Mitglied des Deutschen Turnerbundes war, um 1925.

83. Im Jahre 1928 veranstaltete der Sportverein ein Turnfest. Hinter dem Tisch links, auf dem die Pokale und Ehrenpreise stehen, sitzt Frau von Veltheim, die Gattin des damaligen Besitzers des Rittergutes Destedt.

84. Da es im Ort verhältnismäßig viele Pferde gab, wurden früher wiederholt Fahnenjagen veranstaltet. Die Aufnahme zeigt die Teilnehmer von diesem Sommerfest im Jahre 1927, das auf dem Eichberg stattfand. Offizier war Alwin Eßmann, Fahnenjunker Fritz Runge und die Fahne, die oben im Bild zu sehen ist, erritt sich Walter Brasche. Später wurde das Fahnenjagen auf der Bauernwiese abgehalten.

85. Auf eine sehr alte Tradition geht das Destedter Fastnachtsfest zurück, das am zweiten Sonntag und Montag im Februar gefeiert wird. Alle männlichen Bewohner des Dorfes zwischen 28 und 32 und alle weiblichen von 17 Jahren ab können teilnehmen. Dieses Bild zeigt die junge Gesellschaft im Jahre 1927 im Garten der Gastwirtschaft Bergmann.

86. Die junge Gesellschaft von 1930 auf dem Hof der Gastwirtschaft Bergmann mit dem Fastnachtsbesen, der mit vielen bunten Bändern geschmückt und am Montagabend meistbietend versteigert und dem Erwerber mit Musik nach Hause gebracht wurde. Im Vordergrund sitzt Heinrich Bormann (genannt Otte), der beim Umzug durch das Dorf die Pauke schlug.

87. Auch die verheirateten Bewohner des Dorfes konnten am Fastnachtsfest 'mithalten'. Hier sehen wir die ältere Generation nach dem traditionellen Fastnachtsfrühstück bei der Bierreise, bei denen es in den damaligen Schankwirtschaften Meier und Bergmann an diesem Tag Freibier gab.

88. Diese Aufnahme zeigt, daß sich auch um 1935 die ältere Generation nicht scheute, verkleidet am Umzug durch das Dorf teilzunehmen.

89. Eiermann und Eierfrau sammeln fleißig Eier während des Umzuges durch das Dorf, damit das zünftige Fastnachtsrührei (mit Mettwurst) angerichtet werden kann. Im Hintergrund ist das alte Gärtnerhaus (erbaut 1791) zu sehen, das 1983 abgerissen wurde.

90. Am traditonellen Fastnachtsfrühstück, an dem nur die männliche Bevölkerung des Ortes teilnimmt, werden Rührei und Wurst verzehrt. Hier sehen wir die junge Gesellschaft um 1932 mit den gesammelten Würsten. Im Laufe des Frühstücks werden diejenigen, die im vergangenen Jahr geheiratet haben, getauft und in den Bund der Verheirateten (Bund der geflickten Hosen) aufgenommen.

91. Wie schon mehrfach erwähnt, lebten früher die meisten Dorfbewohner von der Landwirtschaft. Als dann die Selbstbinder angeschafft wurden, mußten auch teilweise die Kühe mit als Zugtiere eingesetzt werden. Von den damals über dreißig landwirtschaftlichen Betrieben bestehen heute nur noch vier.

92. Da früher jeder landwirtschaftliche Betrieb mindestens Kühe hatte, mußte auch ein Gemeindebulle angeschafft werden, den einer der drei Jagdpächter zu halten hatte. Hier ist er mit Walter Lüer abgebildet.

93. Der Zuckerrübenanbau nahm auch schon in den zwanziger und dreißiger Jahren einen breiten Raum ein. Da mit den Pferdefuhrwerken der Weg zur Zuckerfabrik (damals oft der Schöppenstedter Turm) zu lang und zu zeitraubend war, transportiert hier der Lastwagen der Gebrüder Wesche die Ernteerträge. Links ist das Pumpenbassin auf dem Steinberg zu sehen.

94. Der beladene Kornwagen auf der Dorfstraße war früher zur Erntezeit etwas Alltägliches. Das Bild zeigt Karl Eßmann vor dem Haus der Familie Minderlein.

95. In den dreißiger Jahren bestanden auch Folkloregruppen in Destedt, die, wie hier auf dem Bild zu sehen, Volkstänze in Trachten der Bortfelder Bauern auf der Unterburg aufgeführt haben.

96. Auch auf der Oberburg führten in den dreißiger Jahren Bedienstete des Rittergutes Volkstänze zum Erntedankfest auf.

97. Auch von Unwettern blieb unser Dorf nicht verschont. Am 12. Mai 1937 gab es vor dem Elm einen Wolkenbruch. Hier strömen die Wassermassen die Reihe herunter und verwandeln die Straße in einen Bach.

98. Links oben: Vor der Pastorenmauer staut sich das Wasser und fließt dann die Dorfstraße hinunter.

Unten: Große Verheerungen richteten die Wassermassen im Unterdorf an, wie hier zum Beispiel am Grundstück der Familie Schnellecke zu sehen ist.

Rechts oben: So sah es auf der Kreuzung und der Dorfstraße im Unterdorf nach dem Wolkenbruch am 12. Mai 1937 aus.

99. Oben: Auch mit dem Schnee gab es wiederholt Probleme, wie zum Beispiel am 15. März 1942, als die Straße nach Abbenrode wegen der Schneeverwehungen freigeschaufelt werden mußte.

Unten: Da im Jahre 1942 die männliche Jugend des Dorfes einberufen war, mußte man auf die ältere Generation zurückgreifen, um die Straßen rund um Destedt wieder passierbar zu machen. Bestaunt wird hier ein Mitschaufler, dem es bereits zu warm geworden ist.

100. Ein Familienfest der Familie Arkenstedt im Jahre 1926. In der Mitte sitzt Alwine Arkenstedt, die vom 1. April 1923 bis zum 1. April 1960 Hebamme in Destedt war und 1 800 Kinder 'geholt' hat. Früher hieß es: Wer keinen Klaps von 'Tante Alwine' bekommen hat, wird nie ein richtiger Destedter.